AF339759

44

L̄ö soo.

QUE VEUT L'AUTRICHE?

A PARIS,

Chez GALLAND, libraire, rue S.ᵗ-Thomas-du-Louvre,

n.° 32.

1809.

QUE VEUT L'AUTRICHE ?

Quousque tandem......!

L'AUTRICHE veut la guerre. Ses levées en masse, ses libelles, ses emprunts, ses agitations civiles et militaires, l'ont annoncé depuis long-temps. La raison se refusait à le croire; mais les faits parlent : il faut se rendre à leur évidence.

Il y a plus de six mois que les journalistes anglais ont révélé les secrets du cabinet de Vienne ; il y a plus d'un an que ses préparatifs auraient décidé la France à les faire cesser, si elle eût pu les craindre sérieusement. Mais le voile est déchiré ; la fourberie politique est forcée : il faut que l'épée tranche encore une fois les nœuds que la haine et l'intrigue ont formés.

Certes, si l'on examinait quels peuvent être les griefs ou les prétentions de l'Autriche, on aurait peine à y trouver la cause ou le prétexte d'une guerre nouvelle. Les leçons cruelles de

(4)

l'expérience ont donc été perdues pour elle, comme les preuves constantes de la générosité de son vainqueur ! Et quelles sont les plaintes qu'elle peut former ? Le traité de Presbourg, regardé comme son *palladium*, alors qu'elle paraissait sincère, a-t-il été violé ? Lui a-t-on demandé des provinces, des tributs ou des concessions déshonorantes ? A-t-on insulté à son honneur, ou violé son indépendance ? A-t-on opposé à des hostilités presque évidentes, à des affronts particuliers, d'autres armes que des remontrances ? Sans doute, à juger de l'Autriche ou de la France d'après la nature de leurs relations, de leurs rapports, soit de cabinet à cabinet, soit d'individu à individu, on trouvera que les égards, les procédés et la générosité, ont toujours été du côté du vainqueur. La paix de Presbourg, et sur-tout le traité qui précéda l'évacuation de Braunau, semblaient assurer une longue paix entre les deux États : ils leur avaient fixé des barrières telles qu'elles paraissaient fermer toute voie aux difficultés. Le sort de l'Italie, sujet éternel de guerres, était fixé ; la ligue germanique, source intarissable de discorde, avait pris une forme plus analogue aux intérêts des États divers qui la composent ; les jalousies étaient éteintes ; les conflits de pouvoirs n'existaient plus : l'Autriche avait conservé toute sa puissance réelle. Après que son existence avait été dans la main du vainqueur, elle commençait à trouver dans un système pacifique l'oubli de ses malheurs et de ses fautes : elle avait repris, dans toutes les cours, la considération et l'influence que tant de revers mérités paraissaient devoir lui faire perdre. Forte de l'amitié de tout le continent, elle n'avait à défendre contre l'ennemi commun, qu'un seul point, à l'abri d'une attaque sérieuse par la difficulté qu'avaient les flottes anglaises de tenir long-temps dans la mer Adriatique. Ainsi, spectatrice tranquille de la lutte des pouvoirs maritimes, elle entrait en partage des droits réclamés par la France. Sans soins, sans sacrifices, elle acquérait les avantages les plus importans à la prospérité des nations.

Entre l'Angleterre et la France, son choix ne pouvait être douteux. Comme amie, la première ne pouvait lui donner aucun secours, aucun bénéfice ; comme ennemie, elle ne pouvait lui inspirer aucune crainte. Du côté de la France étaient ou ses périls ou sa sécurité. Les rapports des deux nations, une fois solennellement réglés, garantissaient la durée de sa puissance; et rien ne prouve mieux la solidité d'un pareil contrat et l'indépendance absolue où l'Autriche venait d'être placée, que l'attitude qu'on lui laissa garder dans la guerre contre la Prusse, quoique l'on vît assez clairement que sa neutralité n'était alors que l'effet du dénuement militaire où la dernière guerre l'avait laissée.

Si l'on suit attentivement les événemens, et qu'on observe la marche des cabinets depuis les traités de Presbourg et de Fontainebleau, on voit qu'une guerre avec l'Autriche n'a été ni dans l'intérêt ni dans la pensée de la France : elle l'a prouvé en retirant une grande partie de ses troupes du cœur de l'Allemagne pour les envoyer sur les rives du Tage, lorsque les armemens extraordinaires de l'Autriche pouvaient déjà, sinon inspirer des craintes, au moins donner des soupçons et justifier des demandes. Alors le cabinet des Tuileries se contenta d'éclaircissemens vagues. Il ne crut peut-être pas à leur sincérité; mais il feignit d'y croire par respect pour l'indépendance d'une nation déjà si malheureuse : il ne profita point d'une occasion qu'il aurait pu saisir, si jamais la perte de l'Autriche était entrée dans ses plans. Quelques semaines auraient peut-être alors suffi pour détruire une puissance qui donnait de justes inquiétudes, tandis que six mois de retard multipliaient les sacrifices et les dangers. Ainsi la France se fût épargné des frais et des pertes; mais elle aima mieux voir éclater la mauvaise foi d'un ennemi secret que de rendre sa propre modération douteuse, et payer plus chèrement sa victoire que de l'obtenir par l'ombre d'une injustice. Alors la prudence ordonnait la précipitation, mais l'honneur l'interdisait : la France est restée fidèle à son système.

Si c'est une vérité triste en morale, de dire que les bienfaits font souvent des ingrats, que l'ingratitude enfante la haine, et qu'on pardonne rarement à ceux qu'on a volontairement offensés, cette vérité est plus évidente en politique, appliquée à la conduite du cabinet de Vienne envers la France.

Où trouvera-t-on l'explication de ces folles illusions toujours trompées, de l'oubli continuel de son propre intérêt, de cette conspiration permanente contre le repos et la prospérité de la France, sinon dans cet esprit héréditaire dans la maison d'Autriche, esprit qui l'a fait figurer au premier rang de nos ennemis dans presque toutes les guerres que nous avons eues à soutenir ; esprit qui dictait le démembrement de la monarchie française, lors même qu'une sœur de l'empereur autrichien en partageait encore le trône ? Où trouver le but secret d'une agression injuste et désespérée de l'Autriche, sinon dans cet esprit qui fit rompre les traités qu'elle avait successivement sollicités, chaque fois qu'elle conçut de nouvelles espérances ? Certes, l'observateur impartial dut être étonné de voir, dans cette lutte acharnée, le vainqueur toujours prêt à écouter les propositions du vaincu, et le vaincu toujours prêt à se relever contre le vainqueur, sans que jamais cette épreuve lassât d'un côté la haine, et de l'autre la générosité ! Trois fois le sort de la maison de Lorraine fut dans les mains de NAPOLÉON, trois fois elle sortit de ses ruines, trois fois elle fut sauvée de sa propre fureur, qui sembla s'irriter par l'impossibilité de se satisfaire . . . Assurément la France ne voulait point la guerre, lorsqu'agitée au-dedans par ses dissensions, elle avait en Égypte l'élite de ses soldats et le premier de ses généraux ; mais les sollicitations, les persécutions de l'Autriche venaient d'attirer les Russes, qu'elle trahit bientôt après. Elle crut l'occasion favorable : elle oublia les promesses faites au conquérant de l'Italie ; elle rompit scandaleusement le pacte qu'elle avait sollicité, au risque de laisser croire au monde qu'elle n'était pas innocente d'un attentat inoui dans l'histoire des nations civilisées, puisqu'il semblait favoriser son système. Est-ce le vainqueur de Marengo qui voulait la guerre, lorsqu'il se préparait, avec autant de frais, de soins et de fatigues, à conquérir l'indépendance des puissances maritimes jusque dans les foyers de la tyrannie? Si l'Autriche avait alors quelques raisons à donner, quelques griefs à citer ; sa haine a donc été bien mal-adroite, en attaquant la première un allié de la France, la Bavière? Cette attaque imprudente déchirait à-la-fois et le traité de Lunéville et le contrat antique où les souverains confédérés de l'Allemagne n'avaient, en effet, trouvé ni repos ni protection.

De tant de provocations injustes, de tant

de revers mérités , l'Autriche s'était pourtant retirée , sinon sans perte , du moins sans dégradation politique ; et l'attitude formidable qu'elle offre, au moment de la provocation , suffirait pour attester la clémence, j'ai presque dit l'imprudence du vainqueur. Quels reproches n'aurait-il pas à se faire, s'il était possible qu'après dix campagnes si glorieuses l'Autriche fût en état d'arracher à la France le fruit de tant d'exploits et de tant de victoires !

Dans cette lutte opiniâtre de la haine et de la générosité, il faut nécessairement admettre, ou que la France n'a pas assez fait pour sa sécurité, ou qu'elle a trop fait pour un ennemi implacable. Il est bien triste de penser que la force soit la seule garantie des traités ; que le vainqueur n'ait point de ménagemens à garder avec le vaincu. Mais la conduite du cabinet de Vienne a prouvé cette vérité désolante, et l'humanité peut accuser la modération française de toutes les guerres qu'elle a laissé les moyens de renouveler.

Si nous déroulions ici le tableau sanglant des calamités et des sacrifices que la haine de l'Autriche a fait ou voulait faire subir à la France,

(11)

peut-être trouverait-on que la chute seule de la maison de Lorraine pouvait satisfaire aux mânes de tant de milliers de Français victimes de ses fureurs. Mais cette humeur nationale, que l'orgueil étranger appelle *légèreté* , aimable attribut d'un caractère généreux, a laissé loin derrière nous les souvenirs douloureux d'une haine impuissante. Chez tout autre peuple, les affronts des premières campagnes, les incendies de Lille et de Valenciennes, auraient laissé d'éternels ressentimens ; les malheurs appelés sur la France seraient retombés sur la tête de ses ennemis. A peine se souvient-elle aujourd'hui de leurs projets de partage, de leurs sanglantes injures, de leurs froides cruautés. Il semble qu'un siècle de bons procédés ait fait excuser cette longue suite d'iniquités. Mais l'année qui vient de finir a mis à nu l'ingratitude de ce cabinet, auquel on s'est efforcé de supposer de la bonne foi, quoiqu'on ait eu quelque raison d'en douter, peut-être même dès le traité de Presbourg..... Ne semble-t-il pas en effet qu'après une guerre si fatale à l'Autriche, elle dut à ses sujets malheureux, et sur - tout au vainqueur qui lui rendait la vie

A 6

politique, de leur donner un gage d'une sincérité sans réserve, d'un esprit de paix inaltérable,
dans l'éloignement des personnes influentes qui
venaient d'immoler le bien de leur patrie et
l'honneur du souverainà leurs passions person-
nelles, si ce n'était à des sentimens encore plus
honteux? La France n'a pas demandé ce sacri-
fice à l'orgueil autrichien, par respect pour l'indépendance de la couronne : mais ce n'en était
pas moins un hommage à faire à la tranquillité
du continent ; et certes, rien ne prouve mieux
en faveur de la politique française que de voir
toujours la même franchise et la même con-
fiance accompagner ses relations avec ceux dont
elle pouvait déjà soupçonner la malveillance.

Ce serait ici le cas d'entrer dans le détail des
petites intrigues qui purent altérer de jour en
jour l'harmonie dont les sujets de l'Autriche
recueillaient pourtant déjà les heureux fruits ;
de rappeler comment les améliorations dans la
constitution des États voisins firent trembler
les membres de cette noblesse immédiate, dont
les priviléges offraient, depuis plusieurs siècles,
le spectacle de l'anarchie organisée dans le
corps germanique ; comment de petites pas-

sions, des intrigues de boudoir, et des ressentimens du passé, furent soigneusement excités,
entretenus et fortifiés de toutes les ressources de
la corruption britannique. Mais une politique
sage et clairvoyante dédaigna ces manœuvres
obscures et mal-adroites ; elle ne se dissimula
pas la nature de ces menées clandestines ; elle
ne vit, sans doute, dans le manifeste autrichien
contre l'Angleterre , qu'un engagement simulé
dont le cabinet de Saint-James avait la contre-
lettre.... La cour de Londres , en effet, le reçut
sans étonnement, sans effroi , sans se mettre en
peine des mesures à prendre contre ce nouvel
ennemi ; et les deuxparties se séparèrent comme
deux amis qui doivent bientôt se réunir après
une absence forcée. Les communications plus
rares en furent plus intimes ; le commerce anglais n'en fut pas plus inquiété , le pavillon
britannique n'en fut pas moins bien reçu sur
la côte autrichienne. Certes, il y avait de quoi
s'indigner de cette fausse rupture , plus inju-
rieuse à la ligue continentale que la neutralité ;
mais le desir de la paix , l'espérance d'amortir
les ressentimens de l'Autriche et de la ramener
à son intérêt réel, donnèrent une patience qu'elle

dut peut-être prendre pour de la crainte. D'abord les écrivains anglais ne regardèrent pas leur pays comme en état de guerre avec l'Autriche; bientôt ils annoncèrent ses dispositions secrètes; enfin ils révélèrent hautement ses préparatifs hostiles, et le gouvernement anglais annonça officiellement à toute l'Europe que *c'était pour ne point ralentir ses armemens qu'il avait refusé les ouvertures de la France et de la Russie.* Si le cabinet autrichien avait été plus adroit, on aurait pu ne voir dans les indiscrétions anglaises que le desir d'inquiéter la France sur les dispositions d'un allié suspect; mais cet excellent allié ne s'en mit pas beaucoup en peine. Il avait coloré ses premiers armemens extraordinaires du prétexte d'assurer son indépendance; et dès que les Français eurent évacué la Prusse et la Silésie, il redoubla ses préparatifs de guerre. Sortant tout-à-coup du système d'une neutralité indifférente, il prit envers la France un caractère hostile et insultant. Au bruit des troubles de l'Espagne, il songea à conquérir les alliés de la France : les salons de Vienne furent convertis en clubs, les journaux en libelles, échos des calomnies les plus grossières; et après tant de licence, d'oubli de soi-même et d'indignités, la cour de Vienne osa se plaindre des réflexions de quelques écrivains allemands sur l'imprudence de sa conduite et les conséquences de sa perfidie ! Elle venait de montrer clairement le desir de voir la France éprouver des revers ; elle s'apprêtait encore à partager ses dépouilles ; elle préparait une coalition nouvelle. Son internonce à Constantinople servait ouvertement d'agent au négociateur anglais. De tous côtés elle cherchait à éveiller des passions contre la France; elle prêchait une croisade universelle , organisait une guerre d'extermination : et après six mois de préparatifs , dont la destination était connue de l'Europe entière , elle accuse d'agression la puissance qu'elle oblige de rappeler ses troupes de six cents lieues, pour châtier cette arrogante perfidie !

En voilà trop pour prouver sur qui doit tomber l'horreur de cette nouvelle guerre. La bonne foi de l'Autriche est jugée : voyons rapidement ce qu'il faut penser de ses ressources et de ses espérances.

Ses moyens sont de deux espèces ; ceux qu'elle peut espérer du secours de ses alliés , ceux qu'elle trouve dans elle-même.

Les politiques de Londres, si habiles à tromper leurs lecteurs, à se tromper eux-mêmes sur ce qui flatte leurs passions, ne peuvent cependant s'empêcher de reconnaître la Russie comme étant intimement liée à la cause de la France. L'Autriche elle - même paraît avoir compté sur l'inimitié de la Russie, par la conduite imprudente qu'elle vient de tenir dans les affaires de Turquie, comme nous aurons bientôt occasion de le démontrer. Ainsi, dans une contestation où ce serait trop de la France ou de la Russie pour l'écraser, voyons comment l'Autriche a conçu cette nouvelle coalition, sur quels secours elle a compté, et dans quels alliés elle a mis ses espérances.

Est-ce l'Angleterre, la Turquie, la cour de Palerme et les rebelles d'Espagne? Mais, à l'inspection d'une carte de l'Europe, les plus ignorans politiques de Vienne devraient juger d'avance de l'esprit de vertige et de l'ineptie grossière qui a combiné ce nouveau plan. Aucun de ces alliés n'est en état de porter des secours à l'Autriche.

L'Angleterre a déjà trop d'intérêts à défendre. L'embarras de son commerce la mettra sans

doute bientôt à portée de donner quelques ma-
telots de plus à sa marine militaire; mais elle
a de vastes colonies à entretenir. Elle aura
bientôt à se sauver elle-même. Elle ne saurait
répéter sans extravagance les efforts inutiles
qu'elle a voulu faire pour les Espagnols : elle
n'a point en perspective d'attirer dans ses ports
les richesses coloniales de l'Autriche. Ainsi la
cour de Vienne ne doit attendre que de légers
subsides, et peut-être *en promesses*, qui ne seront
point réalisées ; cela n'a pas besoin de preuves.
D'ailleurs , fallût-il démontrer physiquement
l'inutilité de cette alliance, il suffirait de voir la
position des deux alliés.

L'Angleterre ne peut faire arriver ses secours que par Trieste : ils devront traverser la
Manche, la mer d'Espagne, la Méditerranée et
l'Adriatique, sur des transports ou des vais-
seaux de ligne. L'un et l'autre sont ridicules à
supposer sur un point occupé des deux côtés
par les Français ou leurs alliés. Le cabinet
anglais risque bien des folies, mais non pas de
cette espèce. L'expédition de sir *John Moore*
serait un chef-d'œuvre de prudence en com-
paraison d'une pareille tentative. Voilà donc
l'utilité de l'alliance anglaise réduite à zéro.

Parlerons-nous sérieusement de l'alliance de la cour de Palerme et des insurgés d'Espagne? et si quelque *homme d'état* du cabinet autrichien observe qu'il n'attend de ce côté qu'une diversion utile à ses intérêts, lui montrerons-nous l'histoire de cette guerre où des armées innombrables ont été dispersées comme la poussière, et la conquête du royaume faite en deux mois? Lui rappellerons-nous que le quart de l'état militaire de la France suffirait pour soumettre encore l'Espagne, fût-elle de nouveau sous les armes? L'éloignement d'une grande partie de cette armée, dont l'immensité n'a eu pour objet que d'ôter toute idée de résistance et d'épargner l'effusion du sang, a-t-il retardé de quelques jours la soumission des provinces méridionales et l'occupation du Portugal? Les événemens parlent. L'impulsion une fois donnée par le génie qui semble appeler la victoire, va se faire sentir au fond de l'Andalousie et des Algarves. Ainsi l'Autriche n'a pas encore tiré un coup de canon qu'elle a déjà un allié de moins.

Nous arrivons donc à la Turquie; car on nous pardonnera bien d'oublier la cour de

Palerme. Nous voilà sur le théâtre des exploits diplomatiques de M. *de Sturmer :* c'est ici que le discernement des membres du cabinet autrichien va paraître dans tout son jour.

D'abord observons une circonstance qu'on ne retrouvera peut-être pas dans les annales de la diplomatie. L'Autriche est alliée de la Russie et de la France, elle est encore en état de guerre (pour la forme, du moins) avec l'Angleterre; et voilà qu'un ambassadeur autrichien s'érige en médiateur pour faire une paix profitable à des ennemis contre ce qu'on doit à des alliés ! Ce fait seul sera un monument indestructible de la foi comme de la sagesse autrichiennes. Quelles tête a pu concevoir l'extravagante idée de chercher un secours là où il n'y avait que des ennemis à se faire et des désastres à recueillir ! Si quelque nation dans le monde avait intérêt à voir promptement terminer la querelle des Russes et des Ottomans, c'était l'Autriche. Déjà la guerre de la Servie, déjà le sort incertain de la Valachie et de la Moldavie, étaient un puissant sujet d'inquiétude. Rien n'était plus avantageux pour l'Autriche que d'avoir derrière elle une puissance inerte, incapable de l'inquiéter désormais, et dont le voisinage et l'amitié pouvaient fournir des ressources immenses à son commerce et à son industrie : mais elle vient de faire tout ce qu'il fallait pour détruire cette barrière qui n'est plus profitable qu'à elle. Se faire médiatrice d'une paix entre l'Angleterre et la Porte, c'était évidemment pousser la Russie à rompre les négociations entamées. Dès que les Ottomans sortent du système de la confédération continentale, ils sont en guerre avec ses membres. Tout le génie des écrivains aux gages de M. *Canning* ne saurait excuser l'imprudence du cabinet de Vienne. Les engagemens réciproques de la France et de la Russie les mettent en état de guerre avec toute puissance européenne qui entre dans les intérêts de l'Angleterre. « Mais, » dira-t-on, l'Autriche a compté que les Otto- » mans suffiraient pour occuper la Russie. » Plaisante ressource, en effet, contre un tel ennemi, qu'une armée de janissaires révoltés ; qu'une soldatesque populacière, ramas d'eunuques, bons tout au plus pour piller le sérail ! Puissance bien redoutable que celle qui n'existe que par la volonté des amis qu'elle conservait, qui a la gangrène dans son sein, et la destruction à sa porte ! Belle ressource pour l'Autriche, qu'un allié dont la ruine met dans deux mois les Russes sur sa frontière orientale !

Ainsi l'Autriche n'a point de secours à prétendre dans la coalition dont elle s'est fait le chef ; ainsi la sagesse de son cabinet a tout fait pour resserrer les liens qui unissaient si fidèlement la Russie à la France, et pour consolider dans le jeune Prince qui préside aux destinées du Nord, les engagemens qu'il a contractés avec le Héros du siècle pour la gloire et la prospérité des deux Empires ; ainsi elle s'avance, pour la première fois, seule et sans espérance de secours, ouverte de tous côtés, contre l'ennemi qui l'a vaincue, lorsqu'elle avait pour elle les barrières du Tyrol, les flots de la mer Adriatique, les secours de plusieurs puissances et la neutralité du reste de l'Europe. Quels sont donc les moyens nouveaux qui lui donnent l'audace inattendue d'engager une lutte si disproportionnée ? Sont-ce des levées en masse, des paysans entraînés par la force, de jeunes étourdis enrégimentés par la folie ? Mais n'a-t-on

pas fait la triste expérience de ces ressources ?
Ce n'est point avec des chansons, avec des libelles, avec des émeutes de populace, avec des
bravades de salon, qu'on gagne des batailles
et qu'on sauve la patrie. Les milices nouvelles
ne partent pas avec plus d'audace que les vingt
mille volontaires qui, peu de jours après avoir
défilé sous le balcon de l'impératrice en triom-
phateurs, passèrent captifs sous les yeux des
vainqueurs de Mantoue. Leurs drapeaux brodés
par des mains royales, suspendus sous les voûtes
du temple de Mars, y brillent encore d'un éclat
que n'a point terni la foudre des combats. Une
telle épreuve aurait dû dégoûter le cabinet autrichien de pareils moyens. Il n'a, malgré ses
libelles, pas même la ressource de trouver dans
son peuple l'animosité qui le domine, ou le fa-
natisme qui inspire la vengeance. Quoiqu'on
ait prodigué de calomnies, de mensonges et
d'injures pour l'exaspérer, le caractère froid du
peuple autrichien reviendra promptement des
illusions de l'orgueil et de la forfanterie. Le
commerçant, le laboureur et l'artisan, ne pren-
dront pas toujours les intérêts de la noblesse
immédiate ou les passions des courtisans pour

la cause de la patrie. Les effets d'une paix trop
courte leur avaient montré le système le plus
heureux à suivre ; et ce n'est pas dans l'armée
française qu'ils verront leurs vrais ennemis.
Par-tout où l'homme est bon, laborieux, éco-
nome, la séduction ou la haine ont peu de
prise. D'où il est permis d'espérer que le Français retrouvera les Autrichiens tels qu'il les a
quittés, maudissant les intrigues, la corruption,
l'extravagance et les fanfaronnades, seule cause
et prélude ordinaire de leurs calamités.

L'Autriche ne peut donc compter raisonna-
blement que sur ses troupes régulières. Elles
sont nombreuses, il est vrai ; une modération
trop longue a laissé toute liberté de les aug-
menter et de les exercer : mais peut-être seront-
elles moins redoutables sur le champ de bataille
que sous la plume des gazetiers de Presbourg
et de Londres. Les arsenaux ont été remplis ;
les régimens ont été complétés : mais les provinces sont épuisées ; et cet immense amas de
provisions et d'armemens n'est peut-être qu'une
plus belle proie offerte au courage de leurs ad-
versaires. Les soldats autrichiens sont braves
sans doute : mais on verra s'ils tiendront long-

temps contre les guerriers vieillis dans l'habitude de les vaincre, et qui connaissent si bien le chemin qui mène au siége de la monarchie; on verra si leurs généraux ont autant de talens qu'ils affectent d'ardeur militaire.. .... Ils se flattent sans doute que l'expérience de leurs fautes et le spectacle de la dernière guerre leur auront donné des leçons utiles : mais ne savent-ils pas que, pour avoir appris quelques *coups fourrés*, on n'est pas une bonne *lame;* que le jeu d'échecs a plus d'une combinaison, et que, dans l'art de la guerre, les temps, les lieux et le génie, enfantent toujours de nouvelles conceptions ?

D'ailleurs, la carrière qui s'ouvre devant eux n'a jamais été plus vaste, s'ils avaient le triste honneur d'opposer quelque résistance. Toutes les provinces de la monarchie sont menacées; par-tout il faudra se défendre. Une énergie factice, excitée par les clameurs d'une faction furibonde, a exagéré les moyens militaires; mais contre un ennemi dont les forces sont plus réelles et plus exercées, il faudrait soutenir plusieurs campagnes, et l'Autriche est hors d'état d'en supporter le fardeau. Les fumées d'une rage impuissante se dissiperont bientôt à la lueur de l'incendie terrible qu'elle vient d'allumer.

On ne peut le dissimuler, cette guerre s'annonce avec les symptômes d'une grande commotion politique. L'Autriche met d'autant plus d'animosité qu'elle manque de griefs : la haine lui tient lieu de raison. Dans les États qui ne sont plus sous sa domination, elle prêche la révolte ; dans les siens, elle excite une guerre d'extermination : elle a l'air de défendre son existence nationale, lorsque ceux qu'elle provoque ont tout souffert, ses armemens et ses injures, pour éviter le scandale d'une guerre si agréable aux ennemis du continent ; lorsque tout récemment encore la France et la Russie lui ont offert de garantir l'intégrité de ses possessions. Mais si elle n'a point de craintes légitimes, aurait-elle des espérances à concevoir ?

Un homme doué de quelque sens ne fait point d'entreprise qu'il n'en calcule les chances ; si les succès n'en balancent point les revers possibles, il y renonce. Est-ce que des hommes vieillis dans les affaires publiques sont moins éclairés que des individus dans leurs affaires privées ? Les ministres autrichiens ont-ils jamais fait la balance des biens et des maux qu'ils apporteront à leur pays ? Que veulent-ils ? leur prétention a-t-elle été de briser la couronne de fer sur la tête auguste qui la porte , ou de rattacher sous le joug de la cour de Vienne des princes qu'elle a solennellement reconnus indépendans ? Veut-elle des provinces françaises ? Veut-elle partager ce vaste Empire ? Il est aussi raisonnable d'en espérer la conquête que le démembrement. Il y a dans ces idées tant d'extravagance , qu'on n'ose s'y arrêter.

Comparons maintenant ces espérances fantastiques de la haine ou de l'ambition , avec les dangers évidens d'une lutte si disproportionnée. Si l'Autriche est vaincue , et tout homme qui réfléchira à l'état des parties belligérantes , voit que sa défaite est inévitable , que peut-elle attendre , qu'a-t-elle à réclamer de la générosité du vainqueur ? Toujours forcé de ressaisir les armes qu'il croyait déposées pour long-temps, toujours trompé , toujours réduit à combattre la puissance qu'il avait pu renverser, certain d'une haine implacable , il ne doit point de ménagemens à ceux qui veulent sa ruine , et la maison de Lorraine a trop bien prouvé que son impuissance seule était pour l'Europe continentale une garantie suffisante de sa sécurité.

Ces considérations ne sont qu'indiquées ; mais le politique le moins exercé peut en faire le développement. Comment donc le cabinet autrichien a-t-il hésité entre des projets ridicules et une destruction certaine ! Est-ce un génie malfaisant qui présidait à ses conseils ? Il faut le croire. Les États sont bien près de leur ruine, quand les souverains écoutent plus les passions de leurs courtisans que l'intérêt de leurs peuples.

Paris, le 13 Avril 1809.

FIN.